JN089327

寄り添う医療を貫いて

語り　大里祐一

本書は秋田魁新報の聞き書き連載「シリーズ時代を語る」（2021年5月7日～6月5日）を1冊にまとめたものです。一部を加筆・修正しました。（聞き手＝阿部弘道）

目次

寄り添う医療を貫いて

■開業医としてできることを

■患者や地域に寄り添って

■年　譜

■祖父から続く町医者家業

父の背を見て医師に

祖父の大里文五郎が明治24（1891）年に花輪町（現鹿角市花輪）に医院を開業してから、医者は私で3代目になります。昭和47（1972）年に勤務医を辞して帰郷し、父・文祐の診療所を継ぎました。以来ほぼ半世紀、外来のほか訪問診療を続けています。

なぜ医者になったのかと聞かれると答えに困ってしまいますが、小さい頃から父の仕事を見ていたからなんでしょうね。当時の診療所は「しもた屋」で、玄関を開けると待合室があり、そこのふすまを開けると自宅の居間だったと、そういう所でやっていたんです。

私はまだ小学生でしたが、2学年上の姉か私が薬の調合をやらされました。「重曹1グラム」「ノルモザン0・8グラム」なんて指示があって、それをはかりで量って薬包紙に包んでね。今みたいに錠剤がある時代じゃなくて粉だもの。そういう生活になじんでたんじゃないかなあ。外来診て、往診して、いわゆる町医者の生活ってことなんでしょうね。

新型コロナウイルスの影響で、患者さんは来なくなりましたよ。何割減だろう。前月比で増えているのはやっとここ数カ月のことで、前年比はずっと落ち込んだままです。

外来に来る患者さんはみんなマスクを掛けて来ますが、中には医療機関に来る時だけマスクをするという人がいて、「病院でうつるんだすべ」と。感染症の実態

大里医院の診察室で

がなかなか伝わっていないんですね。ウイルスは手からうつるので、小まめな手洗いが大事です。

それと、皆さんに言っているのは「マスクを外したときは、思いっ切り息を吐きなさい」ということです。マスクをしていると呼吸がはかはか浅くなるんですよ。思いっ切り吐くと自然に空気が入るんです。

今も訪問診療続ける

今年（2021年）の冬は地吹雪の日が多かったから、訪問診療は結構大変でした。往診というのは依頼を受けて出掛けることで、月に1回とかスケジュールを立てて出ていくのを訪問診療と言っています。今でも突然頼まれて出て行くことがないわけじゃありませんがね。

昭和47（1972）年に花輪に戻って診療所を継いだ時に、おやじが定期的に往診していた7軒も引き継ぎました。向こうが来られないのなら、こっちが行くのが当たり前だと思ってましたから。古いタイプの人間なんですかね。

訪問診療で一番出ていた時は、合わせると50軒ぐらいあったんじゃないかなあ。今は20〜30軒ほどで八幡平方面とか、花輪方面とか曜日を変えてやっています。運転免許証を返納したので、今は医院のスタッフに運転してもらっています。

冬になれば雪が降るのは当たり前で、しょうがないんだけど、訪問診療に出る時に限って吹雪になるんですよ。それで帰ってくるとパッとやんだりしてね。あくまで印象ですけどね。

夏場のすさまじい雨で一度だけ行くのを休んだことがありました。あの土砂降りの中、車から傘差してじゃ一緒に行ってくれるスタッフが大変だもの。

大体ね、患者さんが当てにしてるのは私より看護師さんなんですよ。何かあれば相談するわけだから。私のことはおっかなくはないんでしょうけど、気安くないっていうか。どんなに慣れてもと思うけど、とっつきにくいのかねえ。

２０１９（平成31）年、日本医師会の第７回

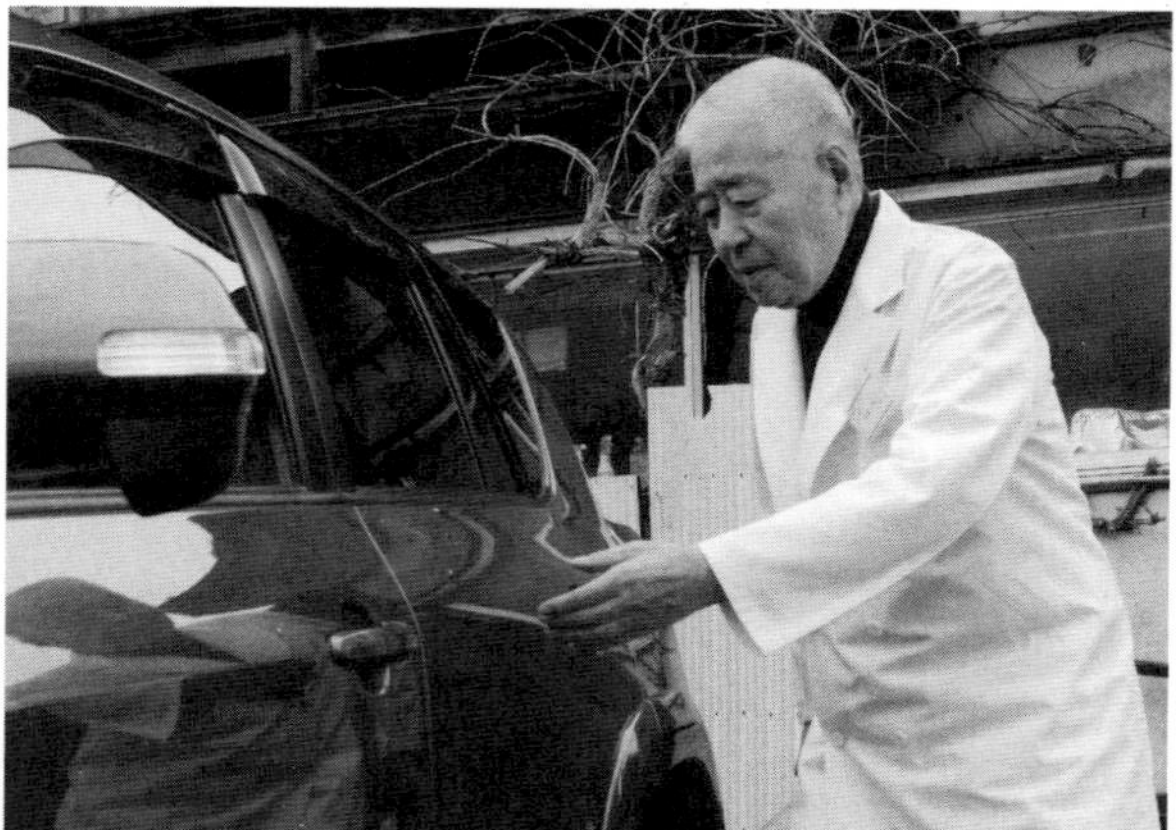

方面ごとに曜日を決めて訪問診療を続ける

「赤ひげ大賞」というのを頂きました。何せ突然のことで驚きました。地域医療への貢献ということですが、表彰式で一緒に受賞した方々の活動を聞いて、地域ならではの働き方があるんだなあと感じました。土地柄があり、自然環境があり、その方の年齢もありということなんでしょうね。

■終戦、中国から花輪へ

3歳で中国山東省へ

私は昭和11（1936）年3月、埼玉県浦和市（現さいたま市）で生まれました。父の文祐が都立駒込病院に内科医として勤務していたためです。

当時は疫痢とか赤痢とか容易ではない症状の子どもが多く、毎日のように死んでいくんだそうです。亡くなった子のお父さんが「今度生まれてくる時はいい所に生まれてこいよ」と話すのを聞きながら仕事をしていたと言っていました。

その父が13年に中国山東省の芝罘《チーフー》の同仁会病院に赴任しました。翌年、父が迎えに来て、母幸子と2歳上の姉、3歳下の妹と一緒に芝罘に渡ります。日中戦争で日本が軍を派遣し、だんだん泥沼になっていくわけです。

父は普段は病院にいましたが、当時は天然痘がはやっていたため、芝罘の港に船が入ると検疫に行くんです。小さな船を出して大型船に横付けして。そこで天然痘の患者を見つけると、すぐ降ろして隔離してという仕事をしていたようです。

一人一人確認するのは大変だろうと思い、「船員はたくさん乗ってるんでしょ」と聞いたことがあります。すると、甲板にずらっと並ぶと分かるもんだと言っていました。自分で感染に気付いていているから、帽子を目深にかぶったりするんだと。まあ、見る目があるから分かるんでしょうけどね。

芝罘は避暑地で、遠浅の海岸があっていい所でした。中国人の街の中に日本の居留民がぽつんと住んでいる感じです。領事がいて、副領事がいて、副領事の息子と同じくらいの年齢だったので遊びに行った記憶があります。

街並みは洋風で私らが後に住んだのは石造りの家でした。英国の国

中国へ渡る船の中で父と一緒に

旗が揚がっていたのを覚えてますね。港のそばには立派な洋館があって、地下にボウリング場がありました。戦争が始まる前には外国人が住んでいた街なんです。

芝罘国民学校に入学

芝罘では、昭和17（1942）年に国民学校に入学しました。1学年20人弱で、全校で100人ちょっとでしたね。でも先生は立派で、きちんと教えてもらいました。

芝罘は白菜で有名で、あとは山東菜というのもありましたね。海軍の陸戦隊がいて、陸軍部隊も駐留していました。中国共産党の八路軍が周辺にいるようで、陸軍が時々討伐に出てました。終戦間際にB24の爆撃を受けましたが、それ以前に街中で怖い思いをしたということはありませんでしたね。

私は陸戦隊の車両部によく出入りしていたんで

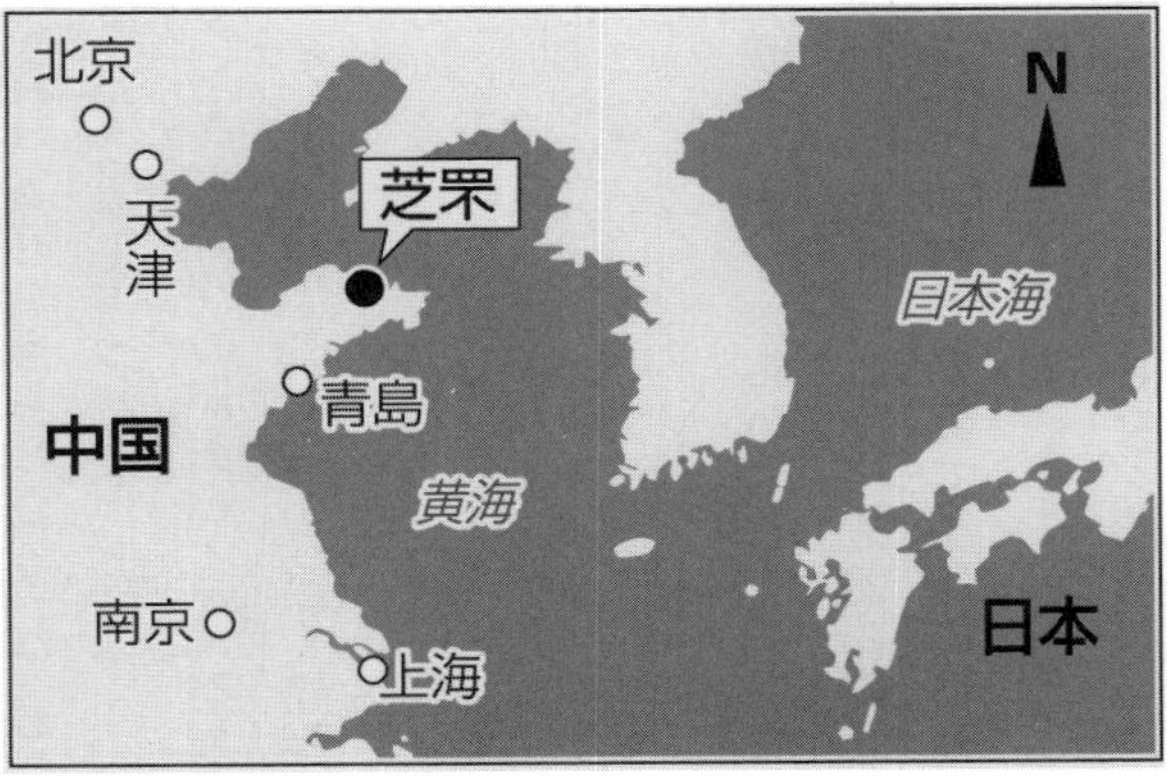

す。みかんの缶詰とかおたふく豆の缶詰なんかがあって、食べさせてもらったりしてね。水兵さんと一緒にトラックに乗って、港まで行くのに付き合ったりしていました。

それと、格好からいけば戦車なんだけど、小型の豆タンクというのがあって、「乗るか」と言うから姉と乗せてもらったことがあるんです。そしたら帰るのが夕方遅くなっちゃって、親に怒られましたねえ。

おふくろは厳しかったですね。二言目には「そういうことをすると親が笑われる」と。そんなに悪さしたわけじゃなかったんですけどね。あと参ったのは、おやじが帰ってくるまで晩飯を食べられなかったことです。

そういつも遅いわけじゃないんですけど、こっちは腹減ってますからね。眠くもなるし。それで、食べながら居眠りしたりするんですよ。すると箸箱で「バン」と食卓をたたかれてね。あの頃はそれが当たり前だったんでしょうけど、子どもだけでも先に食べさせてくれれば良かったのに、と今になっても思いますね。

戦局がおかしくなってくると、陸軍に行って火薬詰めをやらされました。鉛筆の芯みたいなにおいで頭が痛くなるんですよ。それをトントンと紙袋に詰めて。後になって、役に立たなかったようだという話が聞こえてきました。

米軍の船で引き揚げ

終戦の玉音放送は芝罘国民学校の校庭で聞きました。わんわんと鳴って何を言っているのか分かりませんでしたが、放送が終わったら先生が「戦争は終わった。日本は負けた。みんな家に帰りなさい」と。4年生の時でした。

終戦の3日か4日前かな、中国の人が「大里先生《ダーリーシエンシャン》、どうするんだ」と心配して家に来てくれたりしましたね。8月中に私らは船に乗せられ、青島《チンタオ》に移ります。そこで国民学校に入りましたが、何だかよそ者扱

入学前に芝罘国民学校の前で

いされてね。米軍が上陸してきて建物が接収され、1週間も通わないうちに授業はなくなりました。

父と青島の街を歩いている時のことです。私の知らない日本人にあいさつされたんです。後で聞くと退院した患者さんの家族でした。そして「退院した人より亡くなった人の家族に感謝される医者になれ、と先輩に言われた」という話をされました。4年生の私に突然ね。その言葉は今も心に残っています。

日本に帰るため米軍の船で青島を出たのは12月24日です。戦車を積む「LST」という船があるんですけど、戦車の代わりに大勢入れられて。佐世保に入る船が多かったようですが、私らが乗った船は機雷を避けると言って鹿児島に回りました。

翌朝、甲板に上がったら桜島から煙が上がっていて。天気のいい日でした。湾内の漁船2、3隻に日の丸が揚がっているのが見えて、うれしかったですねえ。戦争に負けてどうしようもない時だったのにね。

その日は鹿児島に泊まり、翌日汽車に乗りました。全国どこまで行ってもいいという切符と1人30円の現金の支給がありました。中国で生まれた一番下の妹は、ポリオにかかって歩けませんでした。おふくろが「この子に自分の国を見せる。それが私の責任だ」と、背負って帰ってきたんです。

1月1日に花輪到着

昭和20（1945）年12月26日に鹿児島を出発し、鈍行を乗り継ぎ、花輪を目指しました。夜中に目が覚めたら広島でした。ニュース映画か何かで「50年間草木も生えない」と聞いていたので、ここがその広島かと思いました。

仙台では母方の親戚の家に1泊しました。焼け野原でしたが、市電のレール沿いに訪ねて行きました。白米を炊いてくれて、おやじとおふくろは涙を流さんばかりにして食べるんですよ。でも私は、中国の赤っぽいコメで育ちましたから「どこがうまいんだ」と思いましたね。

一関でも親戚宅に泊まり、大みそかは盛岡駅構内で寝ました。父母ときょうだい4人で花輪に着いたのは1月1日です。駅に降りると辺りは真っ白で、どれくらい雪が積もっているのか分からないんですよ。春になって雪が解け、こんなに積もっていたのかと思いました。

祖父が開設した医院は祖父の末弟が継いでいて、駅まで迎えに来てくれました。父はしばらくそこで働き、後に今の大里医院がある場所（鹿角市花輪堰向）で開業することになります。

私は学年がずれることなく花輪小学校の4年生に入りました。中国でしっかり教えてもらっていたので、勉強で苦労することはなかったですが、方言は分からなかったですねえ。例えば「戸っこたてろ」って言われて、戸を閉めることだとは思いませんから。まあ、習うより慣れろで何とかなりましたが。

花輪に来て学校で教科書をもらい、先生に何ページを開けと言われて開いたら、「何行目か

冬の花輪の街並み（昭和33年1月、故富樫正一さん撮影）

ら何行目を墨で塗れ」とやらされたんです。あれはかなりショックでした。そりゃないでしょう。それまで学校で教えてたんですよ。

なんて言うのかなあ。大人は信用できないというか、そんな気持ちを植え付けられたと思います。

■医師への道を進む

高校進学で秋田市に

小学校、中学校と普通の子どもだったんじゃないかと思います。どちらかというと真面目で、あんまり悪さはしないで。運動は苦手でしたけど、中学に入った頃からみんなで野球をやりましたね。当時、ボールは貴重品でしたから、見えなくすると暗くなるまで捜しました。

花輪に引き揚げてきた当初は食べる物がろくになくて、何で田舎なのにコメがないんだろうと思いました。ご飯にサツマイモとか豆とかをまぜて食べるんですが、フキをまぜたのは苦手だったなあ。

家計に少し余裕が出てくると、ニシンやホッケを箱で買うようになりました。冬の前に小屋の脇にずらーとぶら下げ、干物にするんですよ。西の山から冷たい風が吹き下ろす頃です。大変だったんでしょうね。おふくろは、あの季節が一番嫌だったと言っていました。

私が花輪中学校にいた昭和20年代後半には、1学年360人ぐらいいましたが、今は1学年100人ちょっとですね。ベビーブームの頃は500人ぐらいいたんじゃないかなあ。

この街に人が多かったのは尾去沢鉱山があったからなんですね。盛期には呉服屋さんが何軒もあったんですよ。花輪の街でいろんな商売が成り立っていたんです。それが昭和53（1978）年に閉山になり、がくっと減りました。世の中変わりますが、根底にあるのは人口が減っているということですね。

中学3年生の時、おやじが旧制秋田中学の同期会に行って、「息子が卒業するなら秋田市に

秋田駅前にあった頃の秋田高校の校舎（秋田高校同窓会提供）

寄こせ」と言われたようです。帰ってきて「おまえ、秋田に行くか」と聞かれ、見当もつかないまま「うん」と答えました。現在の秋田高校ですが、当時の校名は秋田南高校でした。

全県共通の試験があって合格したんですが、「郡部から来た生徒には10点げたを履かせた」とまことしやかなうわさが流れました。同期の間では今も信じられていますがね。

ハタハタ続きに閉口

私が入学した昭和26（1951）年には、秋田高校の校舎はまだ秋田駅前にありました。駅前にごちゃごちゃした一角が残っていて、そこの酒場でたばこを吸ってた連中もいましたね。私はコーヒーぐらいでたばこはやりませんでした。

ちょうど男女共学になった年ですが、女子がいたのは10クラス中2クラスだけで、共学とまではいかない感じでしたね。通学は無理だったので初めから下宿でした。1年の2学期に楢山に移り、卒業までそこにいました。

参ったのは弁当です。来る日も来る日もおかずはハタハタ。決してまずい魚だとは思いませんが、あれでハタハタ嫌いになりましたね。同じ下宿の同期とご飯だけ食べてふたして返して。3日ぐらいしたらおばさんが「あんた方、ハタハタ嫌いだぎゃ」って。答えられずにうつむいていたら、次の日から塩ザケになりました。

中学時代はあまり英語を勉強しませんでしたから、ちょっと困ったんですね。おやじのつてで英語が得意な先輩を訪ねたら「教科書を丸暗記しろ」と。言葉は理屈じゃないということでした。そういうことには素直だったので、リーダーの教科書を丸暗記して乗り切りました。

そして29年に東北大学に入学します。当時、医学部に進むには別の学部で教養部の所定単位を取ってからという決まりでしたから、私は理学部に入りました。2年後に編入試験を受けるんですが、そこで無駄飯を食ってしまいます。いわゆる学内浪人というやつです。

結局、教養部を5年やるわけですが、その間東京に出て予備校に通ったことがあります。驚

教養部時代に通った校舎（東北大学史料館提供）

いたのは先生たちのスタミナですね。朝から黒板に書き続け、こちらが追い付かないほどでした。遊ぶわけでもなく1年いて帰りましたが、東京は忙しい所で肌に合わないなあと思いました。仙台は大いなる田舎ですけど居心地が良かったですね。

卒業前に肝炎で入院

昭和34（1959）年に東北大学の医学部に進みましたが、卒業間近の37年11月、流行性肝炎にかかってしまいました。まだA型とかB型とかウイルスが同定されていない頃です。黄疸《おうだん》が出て、付属病院の第3内科に入院することになりました。

肝臓の組織を調べるため、脇腹に針を刺され肝生検をやりました。それをガラスプレートに載せ、顕微鏡で見て診断するための病理標本をつくるんです。欲しいと言って自分の標本をもらったんですが、どこがどう悪いのか分からないんですよ。まあ、学生が標本見て分かるわけはないんですけどね。

入院は3カ月に及びベッドで寝ていましたが、病院から試験を受けに行き、38年3月に無事に卒業できました。

当時は卒業後に1年間のインターン制度というのがありました。出身が別々で人の集まる東京に行きたかったんですが、肝炎で試験を受けられず、大学病院に残りました。

そのうち内科の研修を福島県小野町の病院でやってこいということになり、2カ月半ほど行きました。

そこは、東北大で助教授まで務めた石塚一雄先生が地元に開業した個人病院でした。近くに大きな病院があるのに「腕で勝負」という感じで開業していて、本当に教えていただきましたし、薫陶を受けました。その後も暇があればお邪魔してお手伝いしましたね。

石塚先生からは「中央で勉強するのもいいけど、そこで出世するのがエリートじゃない。出身地に戻って、そこで仕事をするのがエリートだ」というようなことをたたき込ま

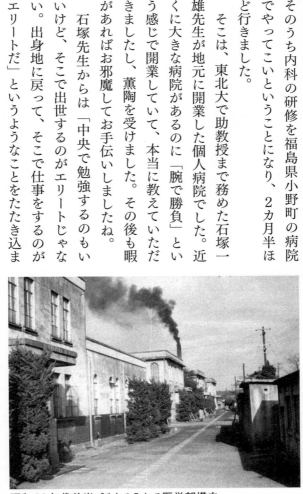

昭和30年代前半ごろとみられる医学部構内
（東北大学史料館提供）

れました。

　インターンを終えて39年に国家試験に合格し、医師になりました。同時に大学院に進学し第3内科に入るんですが、出向という形で基礎医学の病理学教室に所属しました。入院時に自分の病理標本を読めなかったことで、病理を勉強しようという気になったんです。

「死体は最大の教師」

病理学教室にいる間は、来る日も来る日も病理解剖を行っていました。検査や手術で採取した組織標本を見て悪性かどうかなどと診断するのも病理の仕事ですが、私は解剖をやりたかったんですね。

大学病院からほかの病院に出張することもありました。それも合わせると、当時は東北大学だけで年間400体以上病理解剖をしていました。内科医は普段は手術で体を開くことはありません。だから、遺族の了解を得て診せてもらえるというのは非常に勉強になったし、ありがたかったですね。

私ら若手が解剖に当たり、教授が来て診断します。さらに組織を取って標本を作り、後で見てもらって確定診断にするんです。

例えば肝臓がんという診断でも、他の部位から転移したケースが多かった。今はCT（コンピューター断層撮影装置）などがありますから昔より診断の確度は高いでしょうが、元々の原発巣なのか、転移なのかを見分けるのはそう簡単じゃないんです。

解剖するということは、診断がどうだったか検証するということです。医者の世界とか病理の世界に限らず、検証はやっぱり大事だと思います。それがなかったら進歩はないんじゃないですかね。

私の恩師で、後に東北大学総長を務めた黒川利雄先生が「死体は最大の教師である」とおっしゃっていたのが今も印象に残っています。

昭和41(1966)年になって、教室の講師から「岡山に行ってこないか」と言われます。

昭和30年代の東北大学医学部付属病院
(東北大学史料館提供)

した。当時、岡山大学病院は肝炎研究の中心地でした。関西では肝炎だけでなく、肝硬変の患者が多かったからだと思います。

1カ月だけでしたが、二つ返事で行かせてもらいました。そこで肝生検の病理標本を2千例ぐらいかなあ、毎日見せてもらって。記録を残して勉強し、後々とても役に立ちました。

大館市立病院に赴任

昭和43（1968）年に東北大学大学院の博士課程を修了し、論文を提出して学位をもらいました。それで山形敞一先生の第3内科にそのまま入局する形で大学病院に残りました。最近問題になった、いわゆる無給医局員（無給医）というわけです。

第3内科には医師が80人ぐらいいましたが、ポストがそんなにあるわけじゃありません。給料をもらっていたのは何人もいないんですよ。それで週1回ほかの病院に出張に行ってアルバイトしてとか、みんなそうやって飯を食ってたんです。今でも無給がいるというのには驚かされますが、私らの時代はそれが当たり前だと思ってましたね。

秋田県内では平鹿総合病院だとか、角館病院だとかにも応援に行きました。大学院を終わったばかりで内視鏡も使えるから重宝されたんです。「○○先生が2週間留守にするから行ってくれ」なんて指示もあったから、まあ遊軍ですな。

44年に父が山形先生に「そろそろ地元に帰してくれ」と頼んだようです。先生に「大館市立総合病院に行ったことはあるか」と聞かれました。「ありません」と言ったら、「行って見てこい」と。それで様子を見てきて「先生が行けというなら行きます」と答えました。

市立病院に内科は二つあり、第1は弘前大学から医師が4人来ていました。第2は東北大学で、私を含めて3人でした。10月に着任しましたが、その後3カ月ほどは給料が出るたびに仙台に行き、飲み屋のツケを払いました。ある時払いの催促なしでしたから。屋台で飲んでも「おばちゃん、貸しといて」って。いい時代でした。

仙台にいる間は稲荷小路の「おでん三吉」の

昭和45年に改築工事が完了した大館市立総合病院

田村三郎さん（秋田市出身、故人）にもお世話になりました。東北大医学部で、教員も含めて旧制秋田中学や秋田高校卒業のメンバーで飲み会をやるといえば、決まっておでん三吉でした。

開業医としてできることを

市立病院を辞し開業

大館市立総合病院では、私が赴任した昭和44（1969）年当時は注射器を再利用していました。手術室の手前に「サプライ」という部屋があって、女性スタッフが針を煮沸消毒して乾かして、ということをやっていたんです。

その3年前、肝炎の勉強に行った岡山大学では、注射器は使い捨てのディスポーザブルになっていました。輸血でうつる肝炎もありましたから、導入が早かったんだと思います。

それを見ていたので、市立病院も切り替えるべきだと主張したんです。でも、やっぱり金がかかるし、ごみも増えるでしょ。だから反対する人もいたわけです。医療機器メーカーの人に聞いてみると、お隣の青森県立中央病院は既に踏み切っていると。使用済みの物も引き取ってくれるという話で、こちらも替えることになりました。

着任時には病理検査科長というポストももらいました。それで、受け持ちの患者さんが亡くなった際に遺族にお願いし、病理解剖をやりました。病理専門で勤務しているわけでもないのに、内科医が解剖を行うというのは当時は珍しかったと思います。ですが、それまで一生懸命やってきましたからね。

いずれ父の跡を継いで開業すると決めていましたが、仙台で大学病院にいた頃、「大学にいる間は一生ここで働くつもりでやったらどうだ」と言われたことがありました。それが心に残っていたので、市立病院でもずっと働くという気構えで仕事をしたつもりです。

そして47年7月に古里の花輪に戻り、診療所の建物を新築して開業します。当時のスタッフ

れんが貼りの外壁の大里医院。建物は開業当時のまま

は10人で、看護師、検査技師、放射線技師が1人ずつと、おやじの代からの事務の女性が1人いました。

それと、花輪高校からその春の新卒6人を採用したんです。4月から大館の知り合いの医師の所へ車で送り、事務を教えてもらったりしていました。

日曜診療をスタート

開業した昭和47（1972）年に日曜診療を始めました。当時は、土曜日の午前中だけ診て日曜日は休みというのが一般的でした。今のように当番医の制度もなかったので、一人くらい日曜日にやるのがいてもいいんじゃないかと思ったんですね。

今でも日曜日しか休みが取れないという人はいますし、患者さんから「助かる」という話はよく聞きました。「先生、日曜日開いてるということは、三越みたいに月曜休みですか」なんてことを言う人もいたりしてね。

土曜日は休みましたが、今から考えるとずいぶん無理というか、無茶というか、スタッフには迷惑を掛けたと思います。花輪高校から新卒で採った子たちは院内で刺激を受け、レントゲン技師になるため東京の学校に出て行ったり、准看護師になろうと大館で医師会がやっていた学校に通ったりしていました。

そんな中、日曜日も午後まで開けるわけですから大変です。若いスタッフは「しょうがない」と思って付いてきてくれたんでしょうね。後に婦長さんに「祭日もやるか」と言って頭ごなしに怒られました。「今でさえ容易でないのに」と。私が若くて独身だったこともありますが、本当にばかなことを考えたと思います。だけど、たまにはそういう人間がいたっていいんじゃないですかね。

日曜診療は開業から半世紀近く続けましたが、年も年だし2年前にやめました。今は土曜日と日曜日、それに祝祭日が休診です。スタッフにはこれまで苦労を掛けたからこれぐらいは休んでもいいんじゃないかと。人口減で患者さんも少なくなりましたし、当番医制度もあり

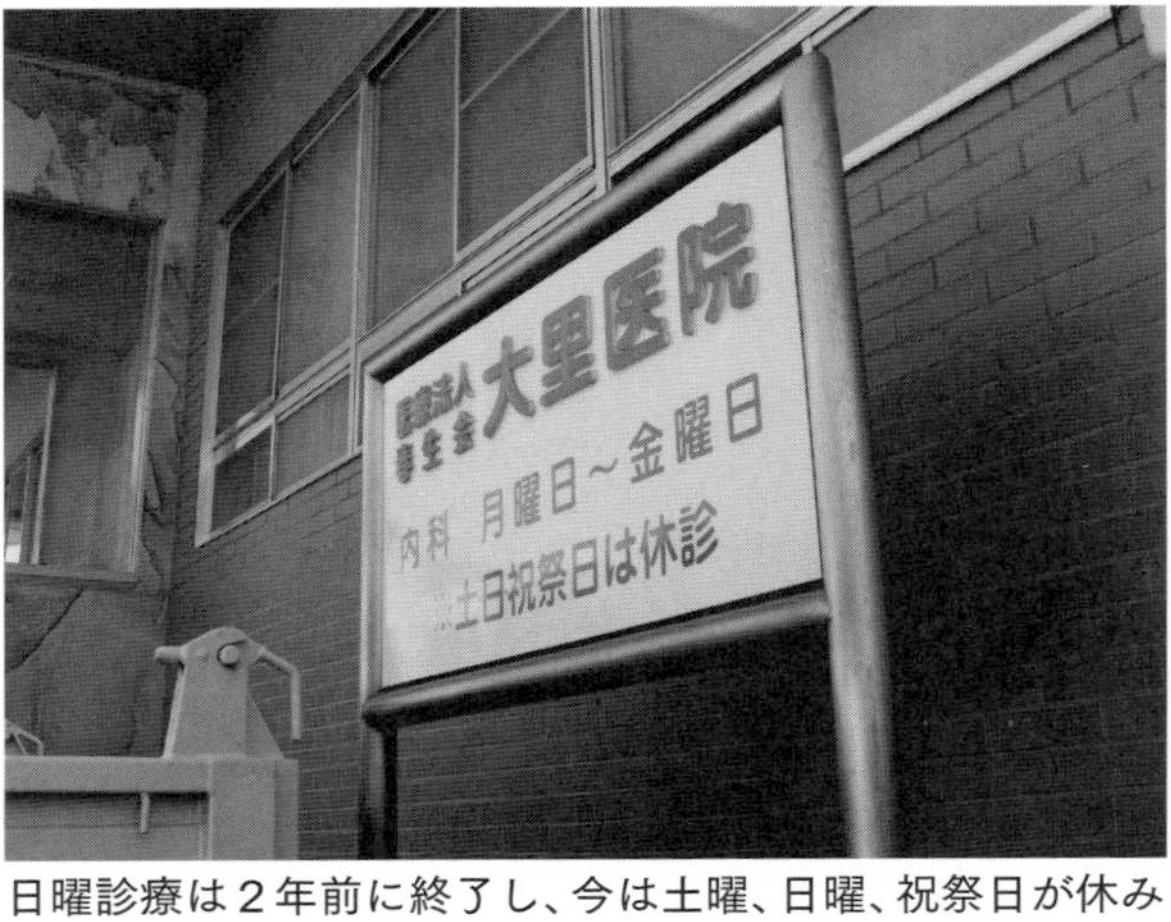

日曜診療は２年前に終了し、今は土曜、日曜、祝祭日が休み

ますからね。当番は2カ月に1度回ってきます。

近年では病気の程度がどうであれ、便利だからとコンビニと同じように考えて来る人もいました。昔なら小さい店にそれぞれ買いに行くところを、コンビニがどんどん定着して24時間やるようになって。そういう社会的な変化が医療にも影響してるんでしょうね。

方針を変え病床設置

昭和47（1972）年の開業時は、入院病床なしでスタートしました。直前にいた大館市立総合病院もそうでしたが、入院はきちんとした看護体制が取れるところがやるべきだというのが持論でした。取れないのなら入院は置くべきじゃないと。私は昔のタイプの外来と往診でいこうと思っていたんです。

当初はそれで良かったんです。でもある時、往診に行ったらあたり返し（脳卒中の再発）の患者さんで、「これは入院しなきゃ駄目だ」と言うと「じゃあ先生の所へ」と懇願されました。「うちはベッド（病床）ないから」と救急車で別の病院に搬送してもらったんですが、数日後に亡くなってしまいました。

それが引っ掛かってしまってね。入院を巡っては、ほかにも幾つかすったもんだがありました。自分だけでなくスタッフにも無理がかかるのは分かってるんだけど、「だったら、ベッドを持つか」という考えになってしまったんです。

それで外来の1部屋を入院用に充て、岩手の病院で手術して戻った人など前からの患者さん限定で3床ほどで始めました。そのうち本格的に病室を構えるかということになりました。うちに入院したいという患者さんの気持ちがあって、それが基本ですが、そのためには看護体制を整備しなければなりません。

外来棟の裏に病棟を増設し、それまでの有床診療所から入院病床20床の病院になったのが55年です。57年には50床まで拡大し、医療法人の認可も受けました。看護を3交代にして、基準看護特1類（入院患者3人に対し看護師1人を配置）から特2類（2・5人に対し1人）へ

外来棟の裏手に増設した病棟

と手厚くしていきました。

一番多い時でスタッフは60人以上いました。当時は看護師さんが集まってくれたからできましたが、もうとても無理です。秋田で若い人を育てたとしても都会の大病院なんかが連れていってしまいますから。今募集してもまず応募はありませんね。

検案から見える世相

開業した昭和47(1972)年のことです。鹿角警察署から電話がかかってきました。確か日曜日だったと思うんですが、検案の依頼でした。遺体を診て死因や死亡推定時刻などを特定するのが検案です。その年は2回か3回行ったはずです。

その後だんだん依頼が多くなりました。東北大学で病理をやっていましたし、検案も分からないわけじゃありません。死亡診断書と死体検案書は書式が違うだけで、医者が書かなきゃならないということでは同じです。ですから、声が掛かれば医者として行くのが当たり前だろうと思っていました。

タケノコ採りで亡くなったとなると、十和田湖であれ八幡平の山の中であれ、やぶをこいで現場に行ったものです。当時は夜中でも呼び出されることがありました。

近ごろは警察署に安置所が整備されているので、翌日になってそこで検案するようになりました。安置所については、県議時代に整備するべきだと主張していたんです。昔は警察署の車庫にテントを張って安置してというスタイルでしたからね。

正式に警察医に委嘱されるのはだいぶ後で、平成元（１９８９）年になってからです。３年前に警察庁長官から「警察協力章」を頂きました。開業以来の検案は１１００体以上になるそうです。

検案を続けてきて見えるのは、高齢者が増え、社会の状況が厳しくなっているということです。１人暮らしが大変なのはもちろんですが、夫婦であっても連れ合いが死んでしまったのが認知症で分からなかったとか、そういうケースもあります。

警察庁長官からの表彰状を受け取る＝秋田県警本部での伝達式

家族でも生活パターンが別々で、死んだのに気付かなかったとか。東京に住む子どもが定期的に電話をかけていて、出ないので親類に見に行ってもらったら亡くなっていたということもありました。全国的な傾向だと思いますが、孤独死が増えているのは間違いありません。

阪神大震災の応援に

朝、テレビを見ていたら神戸市の長田区界隈《かいわい》の映像が流れてきて、これはすさまじいものだと息をのみました。平成7（1995）年1月17日の阪神大震災です。

とっさに思ったのは被災遺体の検案です。これは大変だろうと。それで秋田大学の法医学教室の教授に「応援に行くべきでないか」と電話したんです。聞いてもらうと、兵庫県には監察医務室があって検案や行政解剖を行う監察医が常駐していました。さらに、数カ所の大学が協力するということで、結局秋田からは出さなくていいことになりました。

すると、秋田県が避難所に救護班を派遣するというので手を挙げて、看護師2人と出発しました。寝袋を背負い、新幹線を乗り継いで2月3日の夕方に派遣先の長田小学校に着きました。

近くの工場や商店街などは焼き尽くされ、全校児童450人の校舎に約4００人が避難していました。既に1班が入っていて、私は2班の途中までの1週間活動しました。風邪がはやっていて、薬を持って行ったので重宝しました。

避難所としてはだいぶ落ち着き、いつ授業を再開するかが課題になっていました。現地では時折、突き上げるように「ドン」とくるんですよ。何かと思ったら、それが直下型地震の余震でした。

東北大学時代の同期生が兵庫県立こども病院の副院長をしていました。事前に連絡が取れ、マンションに住んでいるが、ガスと水道が止まっていると聞きました。それで登山用の携

阪神大震災で応援に入った長田小学校の前で

行ガスボンベを持って行き喜ばれました。地震直後にベランダに出たら既に火の手が上がっていたそうです。豆腐屋さんとか朝早い仕事をしている所だと思ったと言っていました。

私が応援に出たのは、生きている間にこんな大災害は二度とないだろうと考えたからです。まさか3・11の東日本大震災が来るとは思いもしませんでした。

「病院だより」で発信

昭和61（1986）年に外来や訪問診療の患者さん向けに「大里病院だより」の発行を始めました。最初は1月号で、「年頭のごあいさつ」を載せました。休診日など病院からの連絡や、健康に関する注意などをお知らせしたいと書きました。

鷹巣で開業していた先生が自分で書いたものを待合室に置いているという話を聞き、刺激を受けたんですね。月1回の予定で始め、平成4（1992）年に一度中断しましたが、2年後に再開しました。B5判の両面印刷だったものが、後にA4判片面に変わりました。

最初のうちは「たばこをやめませんか」「どうしたら、風邪にかからないか」「エイズについて」など健康や病気のことを主に書いていたんです。医療費のことや国の医療制度なども取り上げましたが、テーマは次第に地域の話題や身の回りのこと、政治の話などにわたるようになりました。

週1回ペースで出していた時期もありますが、近頃は不定期です。友人らにも郵送しているんですが、少し間が開くと「調子が悪いのか？」なんて手紙が来たりしてね。

今年（2021年）の3月5日で85歳になりましたが、3月、4月はちょっと書く気になれなくて駄目でした。新型コロナウイルスに振り回されたのと、ワクチン接種の準備をああだこうだとやってましたんで。少し気持ちが落ち着いてきたので、またほそぼそと続けようかと思っています。

知り合いに勧められ、平成13年にそれまでの病院だよりを1冊にまとめて出版しました。その後も100回分ほどを1冊にして刊行し、一昨年に7冊目を出しました。

1回目にも書きましたが、地域で良い医療を受けるには医療者だけでなく、患者さんや住民みんなが協力し合わなければなりません。病院だよりには、そのための発信の役割もあるんです。書くという行為は今でも恥ずかしいんですがね。

大里病院だより No.1

昭和61年1月号（毎月1回20日発行）

年頭のごあいさつ

院長 大 里 祐 一

あけましておめでとうございます。

昭和６１年の初めにあたって一言ごあいさつ申し上げます。

昨年末のわが国の予算編成をみましても厳しいものが有ります。私達の生活は今年も楽では有りません。そればかりか医療費の一部負担金は増え、おとしよりの場合でも外来では月に1,０００円を、また入院しますと毎日５００円の負担をしていただくようになりそうです。

国の財政がゆるくないことは理解しますが、その「しわよせ」が弱い者に来るとしたら大変なことです。皆で智恵をだしあって切り抜けていかなければなりません。

昭和４７年７月に私が花輪に戻りましてから大里医院では長いこと日曜診療を続けて来ました。しかし、色々な事情があって昨年は一時休むことになりました。そのため、多くの人々から何とかならないかとのご意見を頂きましたし、出来ることならと内部で検討を重ねて参りました。この結果、６１年１月より再び日曜診療を復活することと致しました。但し当分の間午前中とします。日曜日を開けることは中々大変なことで、スタッフの負担も大きいことをご理解頂ければ幸いです。また、私もまだまだ勉強しなければなりません。学会などに出席のため日曜日が留守になることも月に１回くらいは有るかと存じます。

そこでこの度、「大里病院だより」を月に１回発行する事にしました。前もって休診日が判る場合はお知らせします。このほか、「お知らせしたいこと」「ご理解いただきたいこと」「守っていただきたい健康に関する注意」など色々と載せる予定でおります。

更に、出来ましたら皆さんのご意見、ご希望等もおよせいただいて掲載することを考えております。いままで考えながらも出来なかったことをやってみようと思うのです。

健康でありたいとの願いは誰もが持つ基本てきな願いでありましょう。医療に従事する私達とて同じことです。でも、間違った健康法も耳にすることが多々有ります。このことも考えて行きたいと願って居ます。

医療は私達皆のものでなければなりません。でも、これからはだまって受けることではなしに、どうしたら良い医療が確保出来るか皆が考えて協力しあわなければいけない時代に入っております。私どもも努力します。どうか皆さんも理解とご協力をおよせ下さい。それがなによりの力であり、私どもにとってなによりの励ましでもあります。

診療科目	内　科	
診療時間	月曜日 ～ 土曜日	午前9時 ～ 午後1時
	日曜日	午前9時 ～ 正午
外来休診日	祝祭日	

最初の病院だよりとなった昭和61年1月号

■海外の山々に遠征

アフガン登山に同行

大館市立総合病院に昭和44（1969）年10月に赴任し、間もなくのことです。秋田高校時代の恩師から電話があり、後輩の卒業生らが海外登山に行くから手伝ってやってくれとのことでした。

まあ、薬でも用意すればいいんだろうぐらいに考えていたら数日後に本人たちが訪ねてきたんです。アフガニスタンの山に行こうと思っているが、日本山岳協会の推薦状をもらうには医師の同行が必要なので一緒に行ってほしいと頼まれました。

「着任したばかりで無理だよ」と断ったんですけど、派遣元の東北大学の医局に一応照会してみたんです。すると「行って来い」と。留守の間、代わりの医師を派遣してくれることになりました。まあ、あの頃は医者が余ってたんですな。

行くのはヒマラヤ山系西端のヒンズークシ山脈です。期間は翌年の6月から2カ月以上に及びました。もともと山は好きでした。学生時代も雑誌「山と渓谷」などを読み、

1人で仙台近郊の山々を歩いたりしてたんです。過去の登山隊の記録を読み、持って行く薬や医療機材などをそろえました。

インド経由で空路首都のカブールに入りました。そこからバスで東部のジャララバードへ行き、前輪が駆動しないソ連製の4輪駆動車で北上しました。そして歩いて5千メートル峰に囲まれたマラウ谷を目指します。

ポーターを雇って荷物を運び、山岳地帯の村々を経て標高4500メートルほどの地点にベースキャンプを設営しました。さらに上部の5千メートル付近にアタックキャンプを2カ所設け、私もそこまで登りました。隊のメンバーはそこから

山岳地帯の村で風船を膨らませて子どもたちと交流

山頂に挑み、三つの峰を落としました。

現地情勢などほとんど分からないままの遠征です。頭痛や腹痛などは日々よく起きていましたが、幸い大きなトラブルはありませんでした。でも、今ならやりませんな。あんな向こう見ずなことができるのは若い時だけです。

妻を連れネパールへ

アフガニスタンから戻り、メンバーの丸山芳雄さん（故人、秋田県人隊初の8千メートル峰登頂を指揮した隊長）と飲んでいると、「次はカラコルムやらねすか」と誘われました。カラコルム山脈はインド、パキスタン国境に連なり、本格的な氷河もあります。高峰に登りたいという気持ちはなかったんですが、雄大な氷河を歩くのはいいなあと思いました。ただ、高所医学を勉強したわけではないので、高度順応などを自ら体感した方がいいと考えました。

それで昭和49（1974）年、ネパール東部へ行くトレッキングツアーに参加したんです。エベレストの近くまで行くツアーで、トレッキングといえども標高4千メートルほどまで登ります。この時は体調が合わずになかなか上まで行けませんでした。高度を上げたり下げたりしながら、体を慣らしていくしかないということを身をもって感じてきました。

翌年はネパールのゴーキョ・ピーク周辺に入り、シェルパを雇って登ったり下ったりを繰り返しました。そして翌51年、妻千寿子と結婚します。結婚前にゴーキョ行きの予約金を払っていました。それで「俺がどんな所に行きたいのか一緒に行ってみるか」と聞いたんです。すると「行く」と。

軟式テニスの国体選手だったのでたぶん歩けるだろうと思ったんですが、なかなかね。高度もあるし厳しい環境ですから。トレッキングに入る人自体がそんなに多くない時代です。

ヤクとウシの交雑種でゾッキョというのがいるんですが、歩けなくなるとそれに乗せて、

シェルパの子どもたちと妻千寿子

シェルパの親方に引いてもらいました。本人は「ひどかった」と言っていますが、今ではいい思い出じゃないですかね。

少なくとも、私がどんな世界に引かれているのかは分かってくれたと思います。私にとっては、これがその後のカラコルム・チョゴリザ遠征につながりました。

山岳写真のとりこに

八幡平の奥の方に、うちで経営する「大深温泉《おおぶか》」があります。かつて、本家が硫黄鉱山をやっていた所です。お湯も湧くというので、おやじが昭和30（1955）年に跡地で温泉を始めたんです。小屋の中にむしろを敷いて、地熱で温まって寝泊まりしてというスタイルでした。

私は若い頃はひょろっとしていて、病気がちというわけではないけれど、あまり丈夫ではなかったんです。学生時代は夏休みには大深温泉に行って、荷物運びなどを手伝いました。

最初のうちはサイダーの木箱1箱、20キロ弱を背負うのがやっとだったんです。それが、国の払い下げの木を運んだりして鍛えられました。まあこつもあるんでしょうが、60キロぐらいまで背負えるようになりました。だから海外登山にも出られたし、荷物を背負うのも苦になりませんでした。

山に引かれるのは、その姿でしょうね。空から見ても駄目です。迫力がないですね。山は仰ぎ見るものだと思います。自分で歩いて行った場所からしか見ることができないわけです。

やっぱりエベレストはきれいですよ。朝日に映え、夕暮れの景色があり。ただね、写真に撮っても現地で見ている感じにはならないんですよ。それで、普通のカラーフィルムで撮っていたのが、スライド用の方が色が良く出ると聞いて変えてみて、それでも満足できなくて。

スカルドで撮影した1枚

それからは白黒の赤外線フィルムで撮影するようになりました。白黒の世界は独特です。特に赤外線はコントラストが強調されますから。山の写真はごまかしが利かないんです。本当にのめり込みました。

医院の中にパネルにして飾っていますが、撮影しながら手応えを感じたものもあります。パキスタン北部の山岳基地、スカルドで撮った1枚もそうです。夕方砂嵐がきて、レンズの向こうがどう変化するのか分からない中、夢中でシャッターを切りました。

中村哲さんへの思い

アフガニスタンの人々のために尽くした医師の中村哲さん（NGO・ペシャワール会現地代表）が、令和元（2019）年12月に現地で襲撃され亡くなりました。彼の本は院内に置いて毎日のように読み返していますが、本当に素晴らしい人です。それだけに残念な最期でした。

哲さんは私のアフガン遠征＝昭和45（1970）年＝よりちょっと後に、国境に近いパキスタン側のヒンズークシ山脈に入るんですよ。ヒンズークシ最高峰のティリチミールを目指す遠征隊に医師として帯同したんです。

登山と昆虫採集が好きで、素朴というか、そんな現地の雰囲気が肌に合ったんでしょうね。ハンセン病を中心に診療に当たり、後にアフガンに移ります。私がアフガンやネパールに行った時もハンセン病の人が多かった。戸籍がしっかりしていなかったから、検診をやったりして撲滅できなかったんですね。

哲さんは医療活動を続ける傍ら、子どもたちが死んでいくのは生活用水の汚染が原因だとして井戸を掘り、それでも駄目だとなると長大な用水路を造ったんです。うまくいかなくなると、日本古来の方法を勉強したりしてね。結局、素人が砂漠の緑化までやったんですな。すごい仕事をしたんですよ。

同じような時期に、同じような場所に入りましたが、私にはあんな度胸はありません。小さい頃中国にいたからかもしれませんが、私が憧れたのはまずシルクロードで、それからヒマラヤです。

アフガンというのは、もっと厳しい所です。

中村哲さんの本は今も毎日のように読み返している

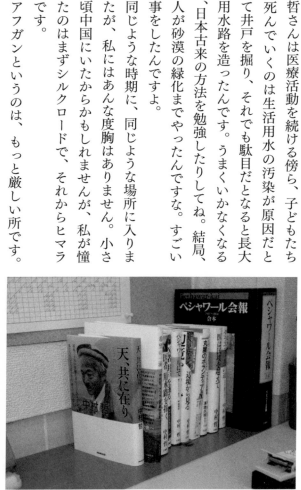

かつては旧ソ連に侵攻され、米国の同時多発テロでは首謀者をかくまったとして報復を受けて。哲さんは抜けるに抜けられなくなったんじゃないかなあ。頼られたんだと思いますよ。でも、それだけ魅力のある所でもあります。

彼の活動を知らない人が多かったから声を掛けて広げ、応援してくれる人が増えました。本を読み返すたびに残念でなりません。本当に残念です。

秋田県議会議員として

県議になり財政勉強

平成3（1991）年に秋田県議会議員選挙に初挑戦し、当選することができました。病院への補助を巡って不公平だと感じていたことがあり、秋田県医師会で理事をしていた時に秋田県幹部に話したことがあったんです。でも、取り合ってもらえなくて。これは県議会でやらなきゃ駄目だな、と思ったのが発端です。父も以前に県議を務めていましたしね。

大館市立総合病院に勤務していた頃、整形外科の医師が治療用の機械を買って転勤しちゃったんですよ。昭和40年代で100万円ぐらいの金額でした。それで後任がその機械を使わないもんだから、事務長に機械がもったいないから動かす技師を入れてくれと頼んだんです。

そしたら「駄目です」と。機械は100万円の損でいいけれど、人を雇ったらずっと面倒を見なければなりません、と言われたんです。勤務医はそんな考え方をしませんんから、なるほどなと思いました。

それで財政の勉強が必要だなと考えていましたから、当選してすぐ県の財政課に出入りし始めたんです。秋田新幹線を整備する際には、車両会社をつくってそこが車両を買ってという計画でした。

なんでそんな回りくどいことをするのかと聞いたら、「今はありませんが、この後国が負担する制度ができるかもしれません」と。そこまでにらんでやるんですね。秋田県は自前の収入が少ないですから、その中でどう運営するか、借金は予算のどの程度にとどめるべきかとか、そういうことに興味を持って勉強しました。

秋田県議選初挑戦時の遊説活動

それと、3年の6月議会で初めて一般質問に立った時から看護師不足の問題を取り上げました。県は、国の基準に照らして県内の看護師数は充足していると説明するんですが、現場の感覚としてはずっと足りなくて困っているんですよ。

まあ国の方針、政策が悪いんですが、数字だけ見て足りてるという言い方はないんじゃないかと言い続けてきました。

食糧費問題を調べる

秋田県庁の食糧費問題には本当に驚かされました。騒ぎになった平成7（1995）年と翌8年当時、私は県議2期目で総務企画委員会の委員長を務めていました。追及した鈴木正和さん（秋田県生活と健康を守る会連合会会長）の粘り強さには本当に頭が下がる思いでしたし、私も委員会で頑張ったつもりです。

県生連の指摘とは別に気付いた問題がありました。委員長になってから委員会の県外調査で東京に行ったことがあったんです。その後たまたま書類を調べていたら、同じ日に総務企画委が秋田市で飲み会を開いたという書類が出てきました。

担当者に聞いてみると、実はやっていませんと。カラ懇談会で裏金をつくっていたわけです。それを飲み屋に預けたり、正規の手続きを経ないで物品を購入したりするということは後で知りました。

県は8年3月に最初の全庁調査（6、7年度分）の結果として、不適正に執行された食糧費や旅費が8億円余りに上ると発表しました。ところが、その後も県生連の指摘などで不適正支出がぼろぼろ出てくるんです。

私らも文書や伝票の提出を受けて一枚一枚調べました。職員の中にもこのままでいいのかと思う人たちは当然いて、ヒントをくれるわけです。同じ出納伝票でも課を識別する番号があります、とかね。それを課ごとに仕分けして一覧にすると合計金額が合わなくなるんですよ。

その時は分からなかったんですが、文書の改ざんやすり替えが行われていたんです。領収書をくくっていくと前に見たようなのがあって、複写していたというのも

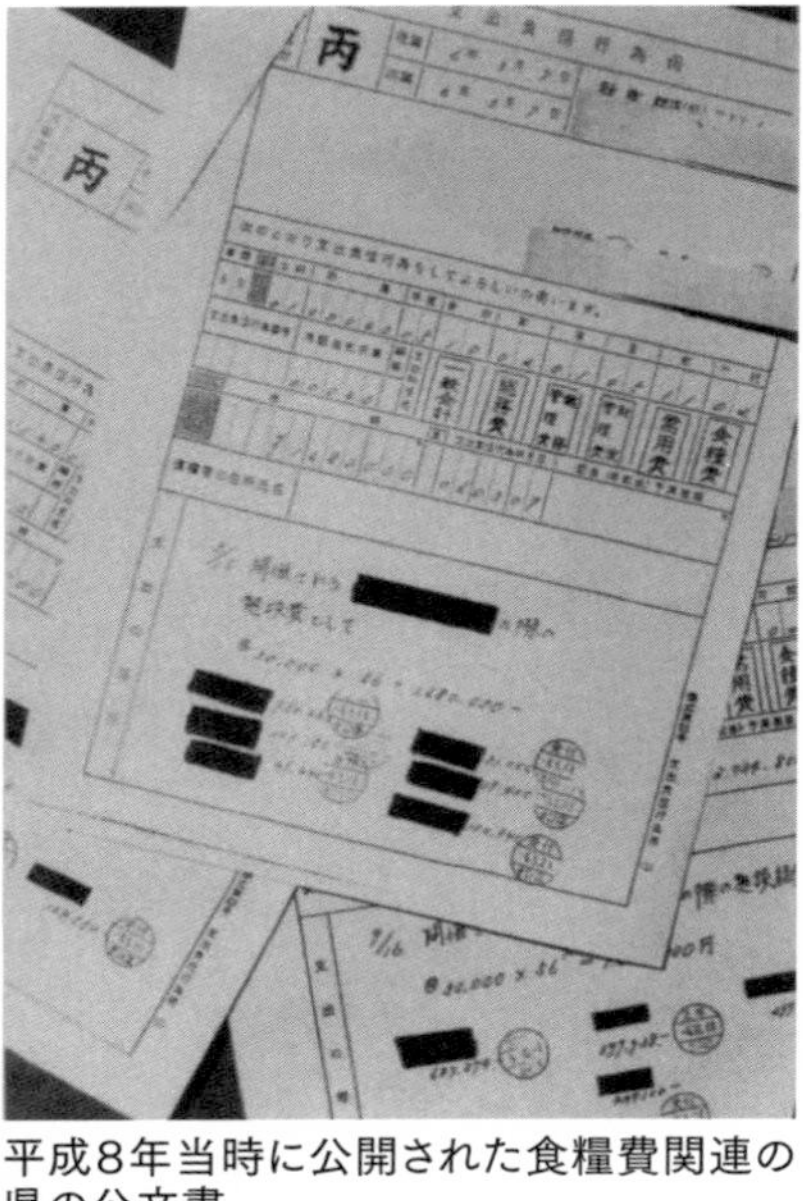

平成8年当時に公開された食糧費関連の県の公文書

ありました。

守る側も慌てていて細工がずさんでした。本人たちもどれが本物か分からなくなっていたんじゃないですかね。全体像はつかめませんでしたが、問題が10あるとしたら三つぐらいは聞いたり調べたりしたんじゃないかと思います。随分嫌がられたでしょうね。

知事が責任取り辞任

食糧費問題の責任を取って、当時の佐々木喜久治秋田県知事（故人）が5期目の任期半ばで辞任することになりました。平成9（1997）年のことです。問題があれほど大きくなってしまえば、辞めざるを得なかったでしょうが、私は誰かを辞めさせるとか、そんな気持ちで追及していたわけじゃありません。

問題を扱っていた秋田県議会総務企画委員会の委員長当時、秋田県の幹部に聞かれたことがあったんです。「知事を辞めさせたいのか」とね。そうではなくて、県政をただしたいだけだと答えたんです。食糧費について、知事は恐らくほとんど知らなかったと思いますしね。

佐々木知事は本当に優秀な方でした。数字に明るくてね。自民党会派の控え室に予算でも何でも議案の説明に来るんですけど、秘書を1人連れてくるぐらいのものでした。それでも何を聞いても答えられるんですよ。

当選したばかりの頃は、質問もできませんでした。じろっと見られると、「君、よく分かって聞いてるのかね」という感じの迫力がありました。

うちの父も県議会議員だったのですが、佐々木知事が消防庁長官を辞めて副知事として秋田に戻り、知事になった後に「どういう人？」と聞いたことがありました。すると、「くだらない要望は聞かない立派な知事だ」と言うんです。ところがその後しばらくしたら、「いや、誰の言うことも聞かないや」って。

冷たいという評価を聞くことがありますが、私の印象は違います。頭脳明晰《めいせき》で即断即決する

退任し大勢の秋田県職員に見送られる佐々木知事

様子が、そう受け取られたのかもしれません。宴席で一度「知事は1日1升お飲みになるそうですね」と聞いたことがあります。「誰かね、そんなばかなことを言ってるのは」と煙に巻かれましたがね。

ただ、食糧費問題を巡っては公文書公開に後ろ向きなところがありました。それは非常に残念でしたし、組織の長として辞任はやむを得なかったと思います。

知事選巡り会派出る

佐々木喜久治秋田県知事（故人）の辞任に伴う平成9（1997）年4月の知事選に、私が所属していた自民党秋田県連は県総務部次長だった佐竹敬久さん（現知事）を担ぐことになりました。

話し合いの席で私は反対しました。食糧費問題で佐々木知事がお辞めになるのに、その渦中にいる県職員が立候補するのでは筋が通らないでしょうと主張したんです。その翌日だったか幹事長に呼ばれ、自民党会派を出てくれと言われました。おまえがいたんじゃ選挙がやりにくいということのようでした。

同じように反対していた同僚県議の竹屋直太郎さん（故人）も追い出され、2人で会派を組むことになりました。会派名は「五省会《ごせい》」にしました。至誠に悖《もと》るなかりしか、言行に恥づるなかりしか…。海軍兵学校では夜寝る前に五つの反省の言葉を口にしたそうです。そこから名前を取ったんです。

竹屋さんは「大里さん、やろう」って私を知事選に担ごうとしていたんですよ。私は自分から「(知事選に) 出たい」なんて言ったこともないし、無理ですよ。竹屋さんは「大里さんだったら県庁を壊せる」と言っていましたが、それは買いかぶりというものです。

でも、竹屋さんは巨漢に似合わずフットワークが軽く、いろいろ動いていたようです。ある日、彼の事務所に呼ばれて行って、知事選候補として取りざたされている人と会ったことがありました。こちらが「出る」とも言っていないのに、ある団体の人が私じゃ駄目だと言ったとか、そんな話も聞きました。

自民党会派を離れ、竹屋さん(右)と会見する

先輩議員から「竹屋君がいい候補がいると言ってるが、聞いてるか」と尋ねられ、答えに窮したこともありました。結局、私が知事選に出ることはありませんでした。自民党会派には11月になって戻りました。

知事選を巡って佐々木知事は「自民党さんは何を考えてるんだろうね」とおっしゃったそうです。今振り返ってみても、そう思いますすね。

国際系大学巡り対立

佐々木喜久治知事（故人）の辞任に伴う秋田県知事選で、横手市長だった寺田典城さんが当選します。さまざまな議案で対立したため、自民党秋田県議団が数の力で寺田知事をいじめているなどと言われたこともありました。でも、そんなことはありません。平成11（1999）年6月秋田県議会の一般質問で決算不認定について触れましたが、あくまで審議の結果であり、感情など入り込む余地はないと申し上げました。寺田県政に反対なのではなく、案件ごとに対応したつもりです。

中でも一番大きかったのは、現在の国際教養大学の創設を巡る議論じゃなかったかと思います。その頃私は党県連の政調会長を務めていました。議案の討論などがあると「政調会長がやってくれ」ということが多かったので、批判の急先鋒《せんぽう》のように思われたかもしれません。

当時は国際系大学と呼ばれていましたが、経営難に陥ったミネソタ州立大学機構秋田校の校舎を使って開設するという計画です。県側は否定するけれど、秋田校の救済のように見えてしまい、それはおかしいんじゃないかと主張しました。

秋田県のように財政基盤の弱いところが新たな大学を開設するのはいかがなものか、という思いが反対のベースにあったんです。県内に高等教育を受けるところが少ないから若者が出て行ってしまう、ということでスタートしたはずですが、今見てみると教養大は県外から入る人の方が多いでしょ。

自民党会派は過半数を占めていましたが、そこから飛び出した人たちがいて、創設を認める予算案は可

県議会で一般質問に立つ＝平成11年6月

決されました。随分褒められる大学になりましたが、開設の是非は今も分かりません。歴史が証明してくれるということでしょうか。

県議会には総括質疑とか決算特別委員会とか、県当局と一問一答形式で議論する場があるんですが、私が質問するのはだいたい夕方でした。午前に始まっていますから、みんなが疲れたころを狙うんです。時には爆弾質問もしましたよ。嫌な手口ですねえ。

議会改革に力を注ぐ

平成8（1996）年に秋田県病院協会の会長に就きました。15年間務め、医師や看護師不足などの問題に取り組みました。そして退任間もない23年5月、秋田県議会議長に就任します。基本的には審議の交通整理役ぐらいの気持ちでしたが、議会を活性化するための議会改革には力を注いだつもりです。

就任してすぐ、年4回（2、6、9、12月）の定例会を2回にすることが決まりました。2～7月、9～12月の会期です。何が違うんだと思われるかもしれませんが、これが全然違うんです。通常、県議会は知事が招集して開かれますが、会期中に緊急の案件などがあれば議長の求めで本会議を開くことができるんです。議会の機動力が違ってくるんですよ。

その流れで、今度は年1回制、つまり通年議会を提案したんです。議会側からすれば、知事が招集しないと開けないというのはおかしいんじゃないかという考え方です。議会運営委員会でもんでもらったんですが、結局駄目でした。

考え方はいろいろあると思いますが、県民目線で考えても、いつでも議会を開くことができるというのは大切なことだと思います。議員がよく勉強し、議会が議論をリードすることで、県当局との間に緊張感を保つことが大事ですね。

ところで、私が就任したのは東日本大震災の年でした。東北6県の議長は陳情などで、そろって上京する機会が多かったんです。被災県にとっては本当に切実だったと思います。

当時、民主党政権のある大臣に陳情に行った

県議会議長として本会議の審議を進める

時のことです。「無駄な物は造らないでください」と言われたんですよ。まあ、その場は普通に別れたんですが、大臣室を出た途端、被災地の議長さんたちが「無駄な物を造ってる暇なんてあるか」とひどい怒りようでした。

本当ですよね。被災地からすれば、すがるような気持ちで行っているのに。本当にひどいと思いましたね。

■患者や地域に寄り添って

病床削減、介護施設に

大里医院は昭和55（1980）年に病床20床の病院となり、名前も「大里病院」になりました。57年には4階建ての病棟を増築し、50床まで拡張します。入院する患者さんもある程度いたんですが、平成24（2012）年に19床以下の有床診療所に縮小し「医院」に戻りました。

国は医療費削減の名目で、ずっと病床を減らせと言い続けてきました。病院の収入に影響する平均在院日数というのがあるんですが、これがややこしい計算なんですよ。1人が30日入院し、1人が20日で平均25日というわけではないんです。

これがきつくてね。常に誰かを退院させないと基準がクリアできない、収入が減らされるという感じだったんです。退院後の行き先がなかなか決まらない人もいるんですけどね。

これでは採算は取れないと思いました。もう病床を抱えてはやっていけないと考え、ばっさり有床診療所にしたんです。ただ、スタッフはなるべく辞めさせたくなかったので、4階建ての方の病床を使って介護療養型老人保健施設「大深《おおぶか》」を開設したんです。

当時残ってくれた看護師たちはその後辞めていきましたが、ほかの施設などに移ったケースが多かったですね。重症の患者さんへの対応などに疲れ、療養型へ転じたのでしょうが、介護の方も体力的には大変だったと思います。

医院には一応18床あるんですが、今対応できるのは内視鏡などの検査入院だけです。一般的な入院患者さんも置きたいけれど、スタッフ不足でかないません。人をやりくりし、検査の短

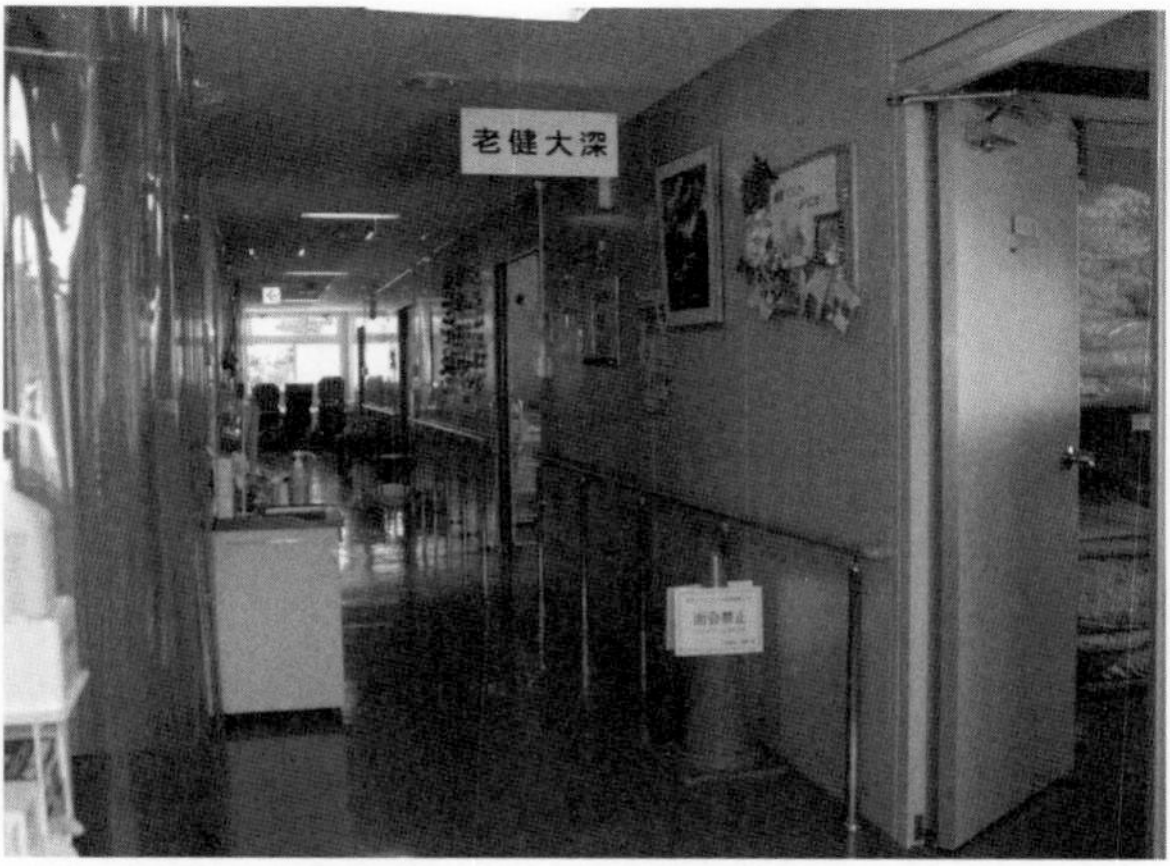

病棟を利用して開設した「大深」

期入院だけ何とか維持している状況です。

　とにかく国は医療への持ち出しを減らそうと、あの手この手と考えてきます。そうして風向きが変わるたびに私らは帆の向きを変えて対応するしかないんですが、下手な風を吹かされたんじゃヨットは進まないですよ。国には一貫した哲学がないというのが私の感想ですね。

ワクチン接種に奔走

新型コロナウイルスは地域に大きな影を落としています。鹿角に感染者が多いわけではありませんが、高齢者には外出を控えようという意識があるようです。薬に関しても「2カ月分ください」などと長期処方を希望する人が増えました。

これには、車の運転免許証の返納の影響もあるんです。家族に言われて返したというケースが多いんじゃないですかね。この辺では公共交通が十分にあるわけではありません。「病院に行く足がなくて」と言う人が増えました。返してはみたものの困っているというんですね。

だからといって交通機関をどんどん整備するなんてことはできません。まあ、来ることができないとなると訪問診療でこちらから行くしかないんですが。私も返納しましたから、それはそれで必要なわけで、これは難しい問題です。

コロナに関しては、うちの医院でも今年（2021年）の5月中旬に75歳以上のワクチン接種が始まりました。週1回、午後の診療時間を充てています。打ち終わってから様子を見なければならないので、待合室のスペースの関係で1回の受け入れは60人が限度です。介護施設数カ所での訪問接種は先行してやっていて、既に2回目に入りました。

集団接種の当番にも入っているので大変ではありますが、コロナ感染を抑えるには今はワクチンを打つしかありません。それが私らの責任だと思って頑張っているんです。

国は自分たちのワクチン供給の遅れを棚に上げ、7月いっぱいで65歳以上の接種を終わらせろとか市町村に圧力をかけてどういうつも

大里医院の待合室

りですかね。私が一番心配しているのは、自力で医療機関に行くことができない人たちです。うちでいえば訪問診療の患者さんで、高齢で1人暮らしの人もいますから。仮に訪問して接種するとして、打った後の健康状態の管理をどうするんだとか分からないことだらけです。そうしたことまで考えて期限を区切っているのか、と問いたいですね。

地域医療を問い続け

大館市立総合病院を辞め、鹿角市花輪で開業した昭和47（1972）年、私はあいさつ状の中に「地域医療」という言葉を使いました。今とは違って、当時あまり使われていなかった言葉だと思います。

漠然とした思いがあって、それほど明確な意味を持たせたわけではありませんが、地域に密着した存在になりたいとか、地域に出て行く医者でありたいといった気持ちがあったんです。昔ながらの町医者のやり方を見てきましたからね。

昭和50年代に集落に出向く座談会というのを始めました。鹿角市の保健師さんに相談したら賛同してくれて、婦人会などに声を掛けて農閑期の冬場に開いたんです。

あの頃は、昼の弁当を含めてみそ汁を1日6杯飲んでるなんて所があったんですよ。これは何とかしなきゃと、回数を減らすほか減塩の指導をするわけです。うちの栄養士さんがお手本を作り、それを持って行って実際に飲んでもらって。塩分を減らすには具材を増やせばいいとか、具体的な対策を進めました。

座談会では「うちの税金はなぜ高いんだ」なんて質問も出て、私らは答えられませんから市の職員に同行してもらったりもしました。終わって引き揚げようとすると、「先生、ジュース飲むか」って聞かれて出てきたのが冷や酒だったりね。こちらも勉強になったので、座談会はしばらく続けました。

地域医療というのは、医療従事者、患者と家族だけでなく、そこに住む人たちみんなでつくり上げていくものだと思います。恐らく地域の数だけあるんじゃないですか。

訪問診療で患者宅に向かう

こうやりなさいと押し付けられてもできるものではないんで、地域、地域で構築していくしかないですね。そのためには住民に関心を持ってもらうとか、医療者側から働き掛けをすることが大切だと思います。それが私らの責務であり、仕事でしょうね。

■年譜

大里祐一　略年譜

昭和11（1936）年	3月5日、埼玉県浦和市に生まれる
14（1939）年	中国山東省煙台市に渡る
16（1941）年	大東亜戦争（太平洋戦争）勃発
17（1942）年	芝罘国民学校に入学
20（1945）年	終戦。青島経由で引き揚げ、12月25日鹿児島に上陸
21（1946）年	1月1日、花輪着。花輪小学校4年に編入
26（1951）年	秋田南高校（現秋田高校）入学
29（1954）年	秋田高校を卒業し東北大学理学部教養部に入学
30（1956）年	八幡平5合目に大深温泉開業
34（1959）年	東北大学医学部に進学
37（1962）年	11月、流行性肝炎で東北大学付属病院第3内科に入院

38（1963）年　医学部卒業、福島県小野町の個人病院でインターン
39（1964）年　国家試験合格、東北大学大学院医学研究科に入学。病理学教室へ出向
41（1966）年　岡山大学小坂内科に留学
43（1968）年　東北大学大学院博士課程修了、学位授与。第3内科に入局、肝グループに所属
44（1969）年　10月、大館市立総合病院に病理検査科長として勤務
45（1970）年　アフガニスタン・ヒンズークシ山脈に遠征
47（1972）年　7月、花輪堰向に診療所開設。日曜診療開始
49（1974）年　ネパール・クンブ山域行
50（1975）年　ネパール・ゴーキョ山域行
51（1976）年　ネパール・ゴーキョ山域行
54（1979）年　カラコルム・チョゴリザ遠征
55（1980）年　規模を拡大し「大里医院」から「大里病院」に
57（1982）年　病棟を増築、医療法人認可。インド・ラダック行

60（1985）年　チベット・ネパール縦断旅行
62（1987）年　青海省西寧行
平成元（1989）年　中国甘粛省アルチン山行
3（1991）年　秋田県議会議員に初当選
4（1992）年　秋田県甘粛省合同登山隊で甘粛省大雪山行
7（1995）年　阪神大震災支援、東北大学シッキムヒマラヤ学術調査隊ダージリン行
8（1996）年　秋田県病院協会長に就任
10（1998）年　秋田県医師会代議員会議長に就任
12（2000）年　ネパール・ゴーキョ山域行
23（2011）年　病院協会長辞任。秋田県議会第63代議長に就任
24（2012）年　規模を縮小して「大里医院」とし介護療養型老人保健施設を併設
28（2016）年　旭日小綬章受章、鹿角市功労者表彰
29（2017）年　秋田県文化功労者表彰
30（2018）年　警察庁長官表彰
31（2019）年　日本医師会赤ひげ大賞受賞

あとがきにかえて

聞き書きシリーズ「時代を語る」の記事が、昨年5月から30回にわたり秋田魁新報に掲載されました。さまざまな反響があり、多くの人から冷やかされました。

私はこれまで、自分の過去を振り返ってきませんでした。今回は必要に迫られて人生を見つめ直しましたが、不義理を重ねてきたことへの申し訳なさにつくづく参りました。

一望してみますと、阪神大震災や食糧費問題など、その時々の大きな出来事と向き合ってきたことに改めて気付きました。訪問診療や日曜診療に取り組みながら、地域医療の在り方を問い続けてきた自分を思い返すこともできました。

貴重な機会をくださった秋田魁新報社の皆さまには感謝しております。そして、さまざまな場面でお世話になり、知恵や教訓を授けてくれた方々に心からお礼申し上げます。

2022年1月

大里祐一

寄り添う医療を貫いて

定　　価	880円（本体800円＋税）
発 行 日	2022年 3 月30日
編集・発行	秋田魁新報社
	〒010-8601 秋田市山王臨海町1－1
	Tel. 018(888) 1859（企画事業部）
	Fax. 018(863) 5353
印刷・製本	秋田活版印刷株式会社

乱丁、落丁はお取り替えします。

ISBN978-4-87020-419-5 c0223 ¥800E